AF224326

NOUVELLES OBSERVATIONS

SUR LA

SITUATION ET L'AVENIR

DE NOS

POSSESSIONS D'AFRIQUE.

IMPRIMERIE DE BELIN ET COMP.,
rue Sainte-Anne, 55.

Nouvelles Observations

SUR LA

SITUATION ET L'AVENIR

DE NOS

POSSESSIONS D'AFRIQUE,

PAR M. FUMERON D'ARDEUIL,

ANCIEN PRÉFET, ANCIEN DÉPUTÉ.

PARIS,

BELIN ET COMP., IMPRIMEURS, RUE SAINTE-ANNE, 55.

MARS 1840.

Au commencement de 1839, nous avons soumis au Gouvernement et aux Chambres quelques observations sur la situation et l'avenir de l'Algérie. Malgré leur extrême concision, ceux qui les ont lues avec quelque attention, et surtout ceux qui ont visité cette contrée, ont pu juger de leur rigoureuse exactitude et en déduire facilement les conséquences. Des événemens récens n'ont que trop justifié nos prévisions et rendent nécessaires quelques observations nouvelles : c'est l'objet de cet écrit.

Nos réflexions, nos conclusions pourront choquer certaines préventions, blesser quelques intérêts. Mais la question est d'une haute importance : elle engage notre avenir ; il y va même de l'honneur de la France ; toute autre considération doit être écartée.

NOUVELLES OBSERVATIONS

SUR LA

SITUATION ET L'AVENIR

DE NOS

POSSESSIONS D'AFRIQUE.

Le Gouvernement paraît déterminé à prendre des mesures décisives pour fixer enfin le sort de nos possessions d'Afrique, et les Chambres vont délibérer de nouveau sur cette grave question.

Notre position en Afrique est bien changée depuis un an; le nébuleux traité de la Tafnah est déchiré; la guerre a recommencé; Abd-el-Kader qui, au mépris de ce traité, n'a jamais été notre vassal, n'est plus même un voisin suspect; c'est un ennemi déclaré.

Ces évènemens ont fourni aux intérêts, aux passions opposées l'occasion de remettre en question tout ce qui concerne l'Algérie, tout ce que le Gouvernement et les Chambres avaient déjà décidé. Les expéditions dans l'intérieur du pays; la conquête entière jusqu'au désert; la colonisation partielle; la colonisation générale; la colonisation militaire; l'occupation restreinte aux ports; l'abandon même de l'Algérie; tout est remis en discussion; chacun reproduit son système ou son utopie.

Reproduisons, à notre tour, nos observations impartiales sur le véritable état des choses, sur les véritables intérêts de la France, en dehors des intérêts privés et des ambitions, ou des passions des partis. Laissons les grands mots et les déclamations de tribune ou de gazette; posons la question nettement et marchons droit au but.

Examinons les conséquences des derniers évènemens sous deux rapports principaux :

1° Relativement à Abd el-Kader; quelle conduite faut-il tenir à son égard? Faut-il le poursuivre à outrance? Si l'on s'y détermine, comment devra-t-on gouverner les provinces d'Oran, de Titteri et d'Alger?

2° Relativement à l'établissement des Européens en Algérie, quel parti convient-il de prendre pour la colonisation? Jusqu'où devra-t-on la permettre ou la favoriser?

I.

Tant que nous avons reconnu Abd-el-Kader comme gouverneur, pour ne pas dire comme souverain, des provinces de l'Ouest et du Sud, nous n'avions à nous occuper que de la banlieue d'Alger, de quelques villes du littoral et de la province de Constantine.

Mais aujourd'hui que *notre* émir nous signifie à coups

de fusil sa traduction arabe du verbe *administrer* (1) et
prétend nous chasser même de l'étroite enceinte que nous
nous étions réservée, il n'y a plus d'illusion possible; il
faut repousser vivement l'agression et châtier l'agres-
seur; l'honneur le commande au moins aussi haut que
l'intérêt : la victoire n'est pas douteuse. Mais ensuite que
faire?

Abd-el-Kader n'a que trop justifié nos soupçons : la
paix n'a été pour lui qu'un moyen de se mettre en état
de nous attaquer avec plus d'avantage ; il a profité du
repos, de la sécurité qu'elle lui assurait pour tourner ses
forces contre les tribus indociles, pour mieux asseoir et
affermir sa domination : il prohibait tout commerce,
toute relation avec nous; sur notre territoire même, il
provoquait la désertion des indigènes et de nos soldats ;
en tous lieux, il excitait contre nous la haine et le fana-
tisme, il faisait prêcher la guerre sainte et promettait
l'extermination des chrétiens; il s'occupait sans relâche
d'aguerrir et de discipliner ses bandes ; il formait des
magasins, des arsenaux : il s'est déclaré le vassal et, sous
le rapport religieux, le sectaire de l'empereur de Maroc,
et il en reçoit sans cesse des secours de tout genre, même des troupes auxilaires ; par cette voie lui parvien-
nent des munitions et des armes fournies abondamment
par une nation marchande qui ne considère en politique
que le négoce et le gain.

---

(1) Le traité de la Tafnah (30 mai 1837) porte, art. 3, « L'é-
» mir *administrera* la province d'Oran, celle de Titteri, etc. »
» Art. 4. Le territoire dont l'émir a *l'administration.*» Art. 15.
» Mêmes expressions.»

Ainsi préparé à la guerre et assuré d'un auxiliaire puissant, l'Emir attendait le moment favorable. Notre expédition des Biban qu'il n'a su ni deviner, ni empêcher, l'a vivement irrité; nos forces étaient disséminées; les maladies mettaient hors de service un grand nombre de soldats; les affaires se compliquaient en Europe et retenaient nos escadres dans le Levant ; il a saisi ce moment pour jeter le masque, rompre brusquement le traité et se ruer inopinément sur nos postes.

Abd-el-Kader est dans la force de l'âge, sobre et actif; il ne doit plus s'exposer dans le combat comme aux premiers jours de sa fortune : il est entouré d'hommes dévoués et, d'ailleurs, la France ne se défait pas de ses ennemis par le poison ou par le poignard. On ne peut donc raisonnablement ni spéculer sur sa mort, ni espérer le faire prisonnier.

Si nous lui faisions éprouver de tels revers qu'il fût réduit à se soumettre et à demander de nouveau la paix, pourrait-on traiter encore avec lui et lui rendre le gouvernement de l'Ouest et du Sud, à des conditions plus avantageuses et plus sages? Ambitieux et habile, astucieux et brave, cet aventurier mi-parti de Marabout et de guerrier, pourrait-il accepter loyalement le simple rôle de gouverneur pour les chrétiens, dans ces contrées où il a régné en sultan? Quelles garanties de sa fidélité? Et quand même il y consentirait de bonne foi, démentant ainsi tout son passé, ne perdrait-il pas, par cela seul, aux yeux des indigènes tout son prestige, toute son influence?

Reste la guerre : pour en calculer les chances, il faut

se bien rendre compte de sa nature toute exception-
nelle. Là, nous ne sommes point en face de troupes eu-
ropéennes, de ces masses qui offrent aux manœuvres
comme aux attaques un but saisissable et certain, et sur
lesquelles une savante tactique peut assurer au courage
des victoires complètes et décisives. Rien de semblable
en Afrique. Sur un sol très-accidenté, d'autant plus favorable à l'indigène qui en connaît toutes les avenues
qu'il oppose plus d'obstacles aux développemens des
masses, aux évolutions de la cavalerie et de l'artillerie,
se présentent des nuées de tirailleurs, les uns à pied, la
plupart à cheval, tous robustes et agiles, sans baga-
ges, sans entraves.

L'Emir a bien présenté dans les dernières rencontres
quelques pelotons d'infanterie quasi-régulière; mais l'es-
sai en a été funeste et ses tribus sauvages s'en tiendront
certainement à leur tactique ordinaire. A moins d'une
immense supériorité de nombre, partout où vous les
atteindrez, vous les battrez, vous les mettrez en pleine
déroute; cela n'est pas douteux : mais la difficulté sera
de les atteindre. Toujours repoussés, toujours fuyant
et se dispersant pour reparaître bientôt, ils éprouveront
rarement des défaites décisives. Quelque part que vous
vous établissiez, soit que vous conserviez vos positions
actuelles au pied de leurs montagnes, soit que vous cou-
ronniez les premières crêtes du petit Atlas, ils iront se
réfugier et se reformer derrière les montagnes voisines
et viendront inopinément attaquer vos postes sur le point
le plus faible et au moment le plus propice. Dans cette
guerre de surprises et d'embuscades continuelles, jamais
d'action décisive, de résultat définitif : il vous faudra être

sans cesse sur le qui-vive et en forces sur tous les points, ne sachant sur quel poste et à quel moment l'ennemi dirigera son attaque imprévue. Vous serez obligés de tenir constamment en campagne, baraquées ou sous la tente, des troupes nombreuses ; vos soldats mal abrités, sous ce climat dangereux, sans cesse en alerte, seront bientôt épuisés de fatigue et décimés par les maladies.

Las de soutenir, à grands frais, cette guerre éternelle, sans résultats décisifs, sans profit, souvent même sans gloire, vous voudrez poursuivre l'Emir dans ses retraites, le traquer, le forcer au centre même de son territoire. Vous ferez de nouvelles expéditions dans l'intérieur comme à Medeah, à Mascara : à votre approche, les tribus lèveront leurs tentes et fuiront avec leurs troupeaux. L'ennemi se retirera devant vous en escarmouchant partout où les accidens du terrain lui donneront l'avantage. Battu, refoulé, il vous abandonnera ses villes et ses campagnes désertes. Vous établirez un bey, comme à Medeah; ou bien, comme à Mascara, vous brûlerez et détruirez les villes, Miliana, Tlemcen, même Tekedemt, si vous pénétrez jusque-là. Puis les vivres et les munitions vous manquant, vous serez obligés de vous retirer; l'ennemi reparaîtra, vous suivra, vous harcèlera dans votre retraite; l'Emir proclamera dans tout le pays qu'il vous a vaincus et chassés, et les indigènes le croiront, parce qu'ils vous auront vus retrograder et qu'à leurs yeux toute retraite est une défaite. Si vous avez établi un bey, il sera bientôt abandonné par les tribus, renversé, forcé de fuir. Vous reviendrez à votre point de départ après avoir exaspéré davantage et même encouragé les Arabes et les Kobaïles de la contrée ; voilà tout le succès que vous retirerez de vos expéditions dans l'intérieur.

Dans cette situation toujours précaire et presque purement défensive, le sentiment de la puissance française s'affaiblira de plus en plus dans l'esprit des indigènes : quelle tribu voudrait ou oserait s'allier ou se soumettre à nous, lorsqu'elle nous verrait sans pouvoir pour la défendre, ou qu'elle aurait à craindre d'être abandonnée à la vengeance de l'Emir, comme les Korouglis de Tlemcen? Aucun établissement de quelque importance ne se formerait sur notre territoire, toujours menacé d'excursions imprévues ; la colonisation, objet de tant de vœux, de projets et d'espérances, ne ferait aucun progrès.

Des années s'écouleraient ainsi : enfin, les Chambres découragées, lasses de prodiguer les hommes et les millions sans obtenir aucune solution définitive, aucune compensation ; pressées peut-être par quelque incident grave de la politique européenne, cesseraient de voter des crédits et des appels pour cette guerre stérile ; l'abandon absolu, ou tout au moins un quasi-abandon, serait en définitive le triste et honteux résultat de tant d'efforts, de sang et de sacrifices.

Cette position, qui est la nôtre en ce moment, n'est pas tenable.

Que faut-il donc faire ? C'est ce que nous examinerons après avoir ajouté quelques observations sur la colonisation.

II.

Ce ne serait pas tout de soumettre, de pacifier l'Algérie, il faudrait encore savoir en tirer un parti avantageux pour la France.

A ce sujet, de vastes plans de colonisation ont été conçus et présentés de manière à séduire l'opinion publique ; ils ont même donné naissance à un déplorable agiotage. Essayons de ramener les esprits au vrai.

Nous ne reviendrons pas sur nos observations de l'année dernière ; elles n'ont point été réfutées, et d'autres rapports sont même venus les confirmer. Nous regarderons donc comme démontré :

1° Que l'expulsion ou l'extermination des indigènes pour les remplacer par des Européens est une entreprise que l'on peut, sans exagération, taxer de démence :

2o Que le mélange, la fusion des deux nations, indigènes et Européens, habitant sur le même sol, sous les mêmes lois, possédant et cultivant ensemble, est une chose actuellement impossible et que l'on ne peut espérer de réaliser qu'après de longues années :

3° Que l'exploitation du sol par les Européens en chasse tôt ou tard la majeure partie des indigènes, surtout des Arabes et des Kobaïles ; l'expérience d'ailleurs l'a déjà suffisamment constaté.

On ne peut donc essayer la colonisation que sur une portion de l'Algérie. Dans quelles limites? Voilà la question.

Nos colons ne peuvent s'établir au milieu ou même auprès de peuplades hostiles qu'autant qu'ils seront couverts par des postes assez forts pour les protéger. Une administration sage et prévoyante aurait donc défendu, dès l'origine, aux colons de faire aucune acquisition, de former aucun établissement en dehors de nos lignes. On avait publié cette défense pour la province de Bône ; le général Damrémont l'avait fait plus tard pour la contrée d'Alger. Mais ces dispositions si sages ont été violées ou éludées, ou même désapprouvées par le Gouvernement.

Qu'en est-il résulté? Quelques colons honorables et dignes à tous égards d'intérêt et de protection, confians dans l'avenir de la colonie, n'étant retenus par aucune défense, par aucun avertissement, encouragés au contraire par l'exemple de personnes haut placées, se sont avancés avec plus de courage que de prudence, se sont établis dans la Métidja, jusqu'au pied du petit Atlas, et s'y sont livrés à des exploitations assez importantes.

En même temps, une nuée d'aventuriers s'abattait sur l'Algérie et accaparait les terres avec une avidité qui rappelait les scènes de la trop fameuse banque et de la Compagnie du Mississipi. Il est inutile de répéter ici les détails que nous avons déjà donnés sur ce déplorable brocantage ; ils sont d'ailleurs connus de tout le monde. En vertu de marchés presque toujours irréguliers, souvent frauduleux, un bon nombre d'individus possédaient ou croyaient posséder, au loin dans la plaine, des propriétés au moins douteuses et quelquefois imaginaires. Ils ne voulaient ni ne pouvaient en cultiver un seul are, mais ils comptaient les revendre avec un profit considérable, et dans leurs pétitions ou leurs plaintes, ils s'intitulaient pompeusement : « les colons d'Afrique! »

Les véritables et les faux colons réclamaient également, et sans relâche, la protection de nos troupes afin d'assurer, les uns le produit de leur culture, les autres le succès de leurs spéculations. Cédant enfin à leurs vives et continuelles instances, on se détermina à occuper la Métidja en l'entourant de camps et de postes fortifiés. Voici quelles ont été les conséquences de cette mesure.

Sous le point de vue militaire, on a renoncé à l'avantage de la position pour le donner à l'ennemi. Nos camps et nos postes établis sur le revers sud des collines du Sahel en défendaient les avenues et dominaient toute la Métidja, plaine marécageuse d'une largeur de quatre à cinq lieues, que l'ennemi était obligé de traverser à découvert pour venir nous attaquer. En occupant cette plaine, nous sommes descendus de notre position dominante pour aller placer nos camps et nos postes au pied du petit Atlas, donnant ainsi à l'ennemi la facilité de nous attaquer avec le double avantage de la position et de la surprise. En portant quatre lieues plus loin le demi-cercle de nos avant-postes, nous avons donné à nos lignes un développement plus que double, et nous nous sommes mis dans la nécessité ou d'affaiblir nos postes, ou d'augmenter considérablement le nombre des troupes qui les occupent : et la distance entre eux est encore telle, que des partis ennemis peuvent facilement pénétrer par les intervalles.

Sous le rapport économique et agricole, la colonisation n'a fait aucun progrès : il ne s'est pas présenté la centième, la millième partie des colons nécessaires pour défricher, assainir et peupler la Métidja. Ceux qui arrivaient préféraient, avec raison, la petite culture dans les vallons fertiles du Fhas, ou banlieue d'Alger. Tandis qu'une grande partie du Sahel, ou massif autour de la banlieue, restait inculte et inhabitée, quelques colons s'avanturaient, éparpillés au loin dans la plaine, dont les neuf dixièmes demeuraient déserts, en état de landes ou de marais. Aussi, à la première attaque, des partis ennemis, pénétrant facilement par les intervalles entre nos camps, sont venus sans obstacle ravager et détruire ces établissemens isolés, porter la dévastation et intercepter les communications en arrière de la ligne de nos postes.

De tout cela concluerons-nous qu'il faut sacrifier tous les colons qui se sont avanturés dans la Métidja ? Nous serions au contraire les premiers à défendre leurs intérêts auprès du Gouvernement, qui, loin de les retenir, les a encouragés. Mais nous signalons ce qui nous a semblé une faute, afin que l'on n'en commette pas de nouvelles de la même nature. Il est telle de ces fermes avancées qui seule nous a coûté une compagnie entière de braves jetés en peu de jours dans les hôpitaux ! Et voilà qu'aujourd'hui les colons, victimes de l'imprudence du Gouvernement non moins que de la leur, réclament avec justice des indemnités pour les pertes que la dernière razia des Arabes leur a fait éprouver ! Que cela nous serve du moins de leçon pour l'avenir. Il ne faut pas que le gouvernement se croie obligé d'étendre sa domination aussi loin qu'il plaira au premier colon imprudent de pousser sa charrue, au spéculateur avide de jeter ses filets. Il faut, au contraire, que colons et spéculateurs soient hautement avertis qu'il n'en sera point ainsi. Il importe surtout de le proclamer en ce moment, où se prépare une expédition dont le succès n'est pas douteux, mais dont les résultats peuvent amener des combinaisons que l'on ne saurait prévoir.

III.

Voilà notre situation présente, telle qu'elle résulte des derniers événemens. Examinons maintenant ce qu'il faut faire.

Mais avant tout il faut que l'on nous dise quel usage on veut faire de cette conquête, quel parti on compte en tirer, quels avantages on en espère. Comment indiquer les mesures à prendre quand on ne connaît pas le but qu'on se propose?

Il faut s'expliquer à ce sujet nettement, sans réticences et sans détours.

Sous le point de vue militaire, l'Algérie n'est pas, comme Aden pour les Anglais, comme Khiva pour les Russes, un pas de fait, une transition à des entreprises ou à des conquêtes plus importantes et plus utiles : l'Algérie ne prêtera jamais des forces à la métropole ; elle l'affaiblirait plutôt, car elle ne pourra, de long-temps du moins, suffire à sa propre défense.

Sous le point de vue politique, il faut conserver cette

position sur la Méditerranée, en face et à portée des côtes de France, non moins pour les avantages qu'elle peut nous procurer, que pour empêcher qu'une autre puissance ne s'en empare. Mais pour nous y maintenir, est-il nécessaire d'occuper toute l'Algérie?

Sous le rapport agricole, l'Algérie offre des plaines et des vallons fertiles, qui, à l'aide de grands travaux d'assainissement, de culture et d'irrigation, donneraient d'abondantes récoltes de grains, de fourrages, d'huile, de soie, de laines, de vins liquoreux, et même, comme cultures accessoires, du tabac et du coton. Quoique la France produise elle-même toutes ces denrées et matières premières, à l'exception du coton, l'Afrique pourrait du moins nous fournir avec plus d'avantage que l'étranger les quantités supplémentaires d'huile, de soie, de laines, de tabacs, dont nos fabriques ont besoin. Mais pour obtenir ce résultat, est-il indispensable de régir nous-mêmes l'Algérie toute entière?

Sous le rapport commercial, nous pouvons espérer d'attirer à nous, d'accaparer tout le commerce d'importation et d'exportation, de commission et de transport de l'intérieur de l'Afrique; d'en fixer l'entrepôt dans nos ports de l'Algérie. Mais pour y parvenir, faut-il absolument étendre notre domination sur toute l'Algérie?

En envisageant la question de haut, il est un but noble, généreux, utile. Après avoir étouffé la piraterie barbaresque, implanter la civilisation sur le rivage de l'Algérie, d'où elle doit infailliblement, avec le temps, s'infiltrer et pénétrer jusqu'au cœur de l'Afrique; adoucir et modifier, par notre instruction et nos arts, le caractère de ces peuplades encore semi-barbares ; profiter des besoins nouveaux et des relations qui doivent en naître pour étendre notre influence et conquérir tout le commerce de l'intérieur du pays ; ouvrir un débouché à l'excédant de notre population sans travail : voilà des idées fécondes ; une entreprise digne d'une grande nation et d'un gouvernement éclairé.

Pesez mûrement toutes ces réflexions, et décidez-vous enfin définitivement pour l'un de ces trois partis :

Occuper et gouverner l'Algérie toute entière ;

Restreindre l'occupation à certaines parties de l'ancienne régence ;

Abandonner tout le pays en ne conservant que les ports ;

Prononcez, et alors connaissant la fin, nous chercherons les moyens.

Si vous voulez absolument occuper et gouverner toute l'Algérie jusqu'au désert, seule limite naturelle, pour y parvenir et détruire Abd-el-Kader il n'est qu'un seul système qui puisse réussir : c'est celui des Turcs ; c'est le Gouvernement intérieur du pays par le pays lui-même, tel que nous l'avons développé l'année dernière ; tel que l'on a commencé à l'employer avec succès dans la province de Constantine. Liberté pleine et entière aux tribus qui continueraient à se régir et à s'administrer elles-mêmes, suivant leurs lois et leurs usages, sous leurs chefs qui recevraient de nous l'investiture. Elles ne seraient tenues envers la France qu'au paiement de l'âchour (dîme ou tribut au souverain) et au contingent de guerre :

aucune atteinte ne serait portée à leurs biens, à leurs personnes, à leurs mœurs, à leurs usages ; point de civilisation forcée, point de prosélytisme religieux : on ne souffrirait point que des Européens allassent s'installer chez eux pour les opprimer, pour les dépouiller, ni même pour spéculer sur leurs terres. Un bey, nommé par nous, gouvernerait chaque arrondissement : dans chaque point central nous établirions une garnison dont le chef surveillerait la conduite du bey, percevrait l'impôt, appellerait au besoin le contingent des tribus, maintiendrait le pays dans la soumission et par des expéditions rapides, châtierait les rebelles ou porterait secours aux tribus amies. Des colonnes mobiles, toujours prêtes à repousser une agression, parcourraient de temps à autre le pays, et y entretiendraient le sentiment de notre puissance et la crainte de nos armes.

Si vous vous engagez dans cette longue et difficile entreprise, gardez-vous de prétendre l'accomplir d'une manière rapide, brillante et d'un seul élan : après avoir passé comme la foudre, comme elle, vous ne laisseriez derrière vous que des ruines. Que reste-t-il de nos expéditions à Medeah, à Mascara, à Tlemçen, aux Biban et à Hamza ? Il ne faut vous avancer qu'avec la certitude de réussir ; mais une fois la position occupée, plantez-y le drapeau de France, et jamais un pas en arrière : c'est le seul moyen d'inspirer à la fois confiance et crainte, et de vous imposer à ces peuples comme la fatalité, en faisant dire aux plus acharnés : « Dieu le veut ! «

Pour exécuter ce vaste plan, il faudrait donc vous

porter d'abord à Medeah, qui ne s'est soumis en 1834 à l'Emir que par votre abandon; vous y asseoir et y mettre en pratique le système indiqué : puis, lorsque votre domination y serait bien assurée, diriger une expédition sur Miliana, où vous agiriez de même ; plus tard, sur Tekedemt, l'arsenal de lE'mir; plus tard encore, et en partant d'Oran, sur Tlemçen, point de communication d'Abd-el-Kader avec Maroc; enfin sur Mascara, sa patrie, berceau de sa famille et de sa fortune. Vous pourriez même opérer à la fois dans les deux provinces, pour inquiéter l'ennemi et diviser ses forces.

Alors votre domination serait assurée comme l'était celle des Turcs, maîtres plus durs et pourtant moins antipathiques au pays que les Chrétiens. Alors, avec l'aide des contingens des tribus et de quelques corps réguliers d'indigènes, nous pourrions réduire l'effectif de notre armée d'occupation et même nos dépenses. Toutefois, la nécessité d'occuper tous les points centraux, et de châtier par de vives excursions ou razias les tribus indociles, ne permettrait guère de laisser en Afrique moins de 40,000 hommes avec un matériel proportionné.

Enfin, il est deux éventualités qu'il serait prudent de faire entrer dans vos calculs. Les puissances rivales de la France, la verront avec plaisir user ses forces et prodiguer ses trésors dans cette entreprise. Mais si quelque orage politique éclatait en Europe avant que les Africains nous fussent entièrement acquis et dévoués, serions-nous en état, ainsi épars sur ce vaste territoire, de nous défendre avec succès, et contre les peuplades

impatientes de notre joug et contre l'attaque plus sérieuse d'un ennemi européen? Et si la tourmente politique amenait une répartition nouvelle de territoires
pour maintenir l'équilibre entre les grandes puissances,
on ne manquerait pas de nous précompter, sur notre
part de conquête, le royaume entier des anciens Deys !
Les autres États acquerraient de riches provinces, et la
France aurait pour sa part les montagnes et les landes
de l'Algérie, peuplées de sauvages ennemis!

Le second système, l'occupation partielle, semble-
rait le plus utile et le plus sage.

Autour d'Alger, le Fhas et le Sahel depuis le cap
Matifous jusqu'à Coleah; autour d'Oran, de Bone, de
Bougie, de Philippeville, la zône que couvrent nos postes actuels; formeraient notre domaine direct, sous
notre administration exclusive. Ces possessions suffi-
raient et au-delà, non seulement pour ce qu'il y a
maintenant en Algérie de véritables colons, mais pour
ce que l'on peut en espérer d'ici à long-temps.

Le petit nombre de colons laborieux qui s'étaient établis dans la Metidja recevraient une indemnité pour les
établissemens qu'ils ont réellement acquis ou formés
dans cette plaine. Le gouvernement reprendrait pos-
session des domaines par lui concédés et qui n'ont point
été mis en culture. Quant aux biens qui ont été achetés
à des particuliers, mais qui n'auraient point été défri-
chés ou cultivés, les acquéreurs pourraient être con-
traints à les revendre ou à les céder à l'Etat. On dispo-
serait de ces terres d'une manière moins imprévoyante,
moins aveugle que par le passé ; on les peuplerait, on

les coloniserait suivant le système que nous avons indiqué, et nous posséderions alors sur cette côte une véritable colonie.

Cette position inexpugnable contre les indigènes
nous garantirait facilement des incursions même de
leurs maraudeurs et n'exigerait que des garnisons peu
nombreuses, avec trois colonnes mobiles toujours prêtes, soit à repousser une attaque sérieuse, soit à châtier
au besoin les tribus voisines. Ces tribus, d'ailleurs, ras-
surées contre toute invasion et sentant leur impuis-
sance pour nous attaquer avec succès, seraient bientôt
disposées à vivre en paix et à rétablir avec nous des relations si utiles pour elles. On sait, et l'expérience l'a
prouvé, que les indigènes, surtout les Kobaïles, restent
volontiers chez eux tranquilles et inoffensifs, si l'on ne
vient pas les y inquiéter.

Par sa position, qui commande tout le pays d'alen-
tour, par son importance commerciale, comme marché
ou comme point de débouché de l'intérieur, Constantine semble devoir être conservée. La province, d'ailleurs, gouvernée d'après le système que nous croyons
le seul convenable, est et demeure soumise et tranquille.
Ces considérations paraissent devoir déterminer à y
maintenir l'état actuel, au moins provisoirement.

Mais si l'on se décide pour l'occupation partielle et
restreinte, quel parti prendre envers Abd-el-Kader?
Le poursuivre, l'anéantir? Rappelons-nous ce qui a été
dit plus haut sur la nature de la guerre d'Afrique et
les excursions à l'intérieur. Croirait-on pouvoir encore
traiter avec lui? Ce ne devrait être du moins qu'avec

les plus fortes garanties et avec un peu moins d'irréflexion et d'abandon qu'en 1837. Ne pourrions-nous pas
d'ailleurs nous établir dans les limites qui nous con-
viennent, sans saller attaquer cet aventurier éphé-
mère? Nous ne croyons pas que l'empereur de Maroc
soit une puissance assez formidable pour qu'il ne fût pas
facile de l'obliger, par des sommations diplomatiques
appuyées au besoin d'une démonstration énergique de
nos escadres, à cesser de prêter son appui et ses secours à l'Emir. Quant à sa puissance locale, Abd-el-
Kader a, quoiqu'on en dise, beaucoup perdu de son
prestige et de l'ascendant qu'il exerçait sur les peuplades fanatisées. Ses prophéties, tant de fois démenties par
l'événement, n'obtiennent plus une aussi aveugle
croyance. Les idées des indigènes, à notre égard, se
sont déjà modifiées jusqu'à un certain point et plusieurs
préjugés se sont affaiblis : on a vu des Turcs, des Cou-
rouglis, des Arabes et des Kobaïles combattre avec nous
contre les bandes de l'Emir. Les indigènes souffrent de
l'interruption de tout commerce direct. Aussi, lorsqu'en dernier lieu Abd-el-Kader appelait, au nom du
Prophète, les populations entières à la guerre sainte,
les tribus de la province de Constantine ont été sourdes
à sa voix et aux instigations continuelles de ses nom-
breux émissaires. Sur son propre territoire, il n'a pu
entraîner que quelques milliers d'hommes, à la tête
desquels il n'est pas même venu combattre, et qui n'in-
quiètent nos postes que grâce au désavantage de notre
position. Du côté du désert, le marabout Tedjini semble
disposé à profiter de l'occasion pour venger ses injures
et le siège d'Aïn-Madi. Les circonstances sont donc dé-

favorables à l'Emir. Avec un peu d'adresse on peut en profiter pour lui susciter des rivaux, pour détacher de son parti les tribus voisines de nos établissemens. D'ailleurs, la civilisation, notre puissante auxiliaire, s'infiltrant peu à peu, l'étreint, mine sa puissance mal affermie, et nous assure d'autres succès dans l'avenir. Le temps, qui nous seconde, affaiblit notre ennemi : sachons attendre.

En vous décidant pour l'occupation partielle, attendez-vous aux clameurs, non seulement des spéculateurs et des agioteurs désappointés, mais encore des champions enthousiastes, non pas de la dignité, mais de la vanité nationale ; de ces phraseurs et de ces honnêtes citadins qui ne rêvent que victoires et conquêtes et se montrent plus belliqueux que nos braves soldats. Ceux-là même qui se sont soustraits au devoir de la défense du pays, l'homme aisé en feignant la myopie ou en achetant un remplaçant ; le pauvre en se faisant des plaies aux jambes, seront les premiers à s'écrier, avec indignation, que l'on fait fuir nos drapeaux devant des *Bédouins*, que l'on ternit la gloire de nos armes, etc. D'autres crieront au contraire que c'est faire encore beaucoup trop de sacrifices pour un pays qui ne rapporte rien : économistes de comptoir qui conseilleraient probablement à l'Angleterre d'abandonner Gibraltar, Malte et Aden, parce qu'ils ne sont qu'un article de dépense dans son budget, et même le cap ou les îles Ioniennes, parce qu'elles coûtent beaucoup plus qu'elles ne rapportent! Laissez déclamer et ne songez qu'aux véritables intérêts de la France.

Le troisième parti est bien plus économique. Si vous

ne voulez qu'empêcher une autre puissance de compléter par l'occupation de cette côte l'envahissement de la Méditerrannée, il ne faut ni tant de troupes, ni tant de millions. Fortifiez les ports principaux ou seulement Alger, Oran et Bône ; enfermez-y vos garnisons, comme les Espagnols à Ceuta, et abandonnez le reste de l'Algérie à Abd-el-Kader ou à tel autre avanturier qui voudra le prendre. Alors plus d'essais de colonisation ; peu d'espoir de conquêtes civilisatrices et commerciales; mais quelques milliers d'hommes suffiront et, si les affaires d'une grande nation doivent être gérées comme celles d'un fermier ou d'un marchand, vous aurez fait pour le mieux, car vous aurez satisfait au meilleur marché possible les exigences du moment et l'opinion publique.

C'est entre ces trois systèmes qu'il faut opter définitivement, irrévocablement. On demandera peut-être si du moins le succès en est certain. Une chose est certaine, constatée par l'expérience, c'est que de toute autre manière nous n'avons réussi à rien depuis dix ans, ni par des essais de colonisation européenne, ni par les excursions rapides dans l'intérieur, ni par l'incendie des villes et le ravage des campagnes, ni par la consécration d'un Emir qui se qualifiait Sultan tandis que nous le traitions de vassal, ni même par la cession de certaines provinces à des princes de Tunis. Une chose est certaine et prouvée, c'est que nous n'avons obtenu quelques succès que dans la province de Constantine, en y adoptant le système des Turcs et en interdisant l'accès de l'intérieur aux spéculateurs et aux vautours d'Europé. Il existe à la vérité un autre expédient; c'est d'entourer notre territoire d'un fossé de 25 lieues de longueur et d'une muraille comme celle de la Chine : on l'a proposé sérieusement !

Mais quel que soit le parti que vous adopterez, proclamez-le hautement, sachez le maintenir invariablement et ne marchandez pas les sacrifices indispensables pour atteindre le but. Après tant de tergiversations et de résolutions contradictoires, il ne faudrait rien moins que la parole du *Sultan des Français* pour inspirer quelque confiance à ces peuplades qui ne conçoivent dans une nation qu'un seul pouvoir souverain, et à qui l'on ne ferait jamais comprendre ce que sont des chambres gouvernantes et des ministres responsables. Une proclamation royale déclarant formellement les intentions définitives de la France, devrait être traduite en arabe, répandue avec profusion et colportée dans toute l'Algérie par des émissaires dévoués : ce serait un des moyens les plus efficaces de pacifier le pays et d'amener les tribus voisines à des relations amicales.

Notre industrie et notre commerce ont aussi besoin d'être rassurés; car nous mêmes, tout perfectionnés que nous sommes en civilisation, nous ne pouvons accorder confiance à un pouvoir qui change tous les ans d'opinion et de projets. Or, jusqu'à présent, nos hésitations, nos contradictions continuelles ont fait prodiguer inutilement les hommes et les millions. Tantôt les Chambres paraissaient se prononcer pour la conquête la plus étendue et le Gouvernement déployait des forces et préparait des moyens en conséquence. Mais l'année suivante elles semblaient incliner en faveur de l'occupation restreinte ; on concluait un traité, on abandonnait des tribus soumises, on retirait des troupes et les dépenses faites tombaient en pure perte. Un an plus tard, le système de grande colonisation reprenait faveur ; nouvel envoi de troupes, nouvelles entreprises, nouvelles dépenses. Avec une versalité pareille, non seulement on n'accomplit jamais rien de grand ni de stable, mais on n'inspire qu'inquiétudes et méfiance aux indigènes et même aux européens cultivateurs ou commerçans.

Réfléchissez donc long-temps et mûrement avant d'adopter l'un de ces systèmes ; mais, une fois votre parti pris, entrez hardiment et sachez persévérer dans la voie que vous aurez choisie, sans vous laisser ébranler par les déclamations des partis ou des intérêts contradictoires.

Changeons de ministres tous les six mois, au gré des ambitions qui savent tour à tour séduire les esprits et exploiter les votes : mais lorsqu'il s'agit d'intérêts aussi graves, et de l'honneur même de la France, sachons du moins, s'il est possible, montrer un peu plus de tenue et de persévérance dans nos projets, un peu moins d'irréflexion et de légèreté présomptueuse, à changer et modifier tout ce qui a été fait avant nous.

FIN.